22

Die Originalausgabe ist 2006 unter dem Titel »Ferrari« bei Edizioni Gribaudo slr, Savigliano erschienen.

ISBN 978-3-613-02872-2

1. Auflage 2008

Ein Unternehmen der Paul Pietsch-Verlage GmbH & Co.

Sie finden uns im Internet unter www.motorbuch-verlag.de

Lektorat: Joachim Kuch
Innengestaltung: Ipa, 71665 Vaihingen/Enz
Druck und Bindung: Grafiche Busti, Colognola ai Colli (VR)
Printed in Italy

Text: Paolo D'Alessio

Fotos: Die Abbildungen in diesem Band stammen hauptsächlich aus der Sammlung des Autors.

Für weitere Fotos danken wir:
Actualfoto, Archivio Museo dell'Auto di Torino, Archivio Quattroruote, Archivio Shell, Bernard Cahier, Danilo Recalcati, Filippo Di Mario, Mirko Lazzari, Ferruccio Falletti, Gunter Molter, Antonio Ferretti, Manrico Martella, Sutton-Phipps, Kazuhiro Tajima und Bryn Williams.

Die teilweise geminderte Abbildungsqualität ist auf das Alter der Vorlagen zurückzuführen

Einbandgestaltung: Luis Dos Santos

Die Übertragung ins Deutsche besorgte **Ted Lemberger**

Ferrari
Formel 1

Paolo D'Alessio

Motor
buch
Verlag

26
26

Die fünfzigjährige Ferrari-Formel-1-Geschichte ist geprägt von Höhen und Tiefen, denkwürdigen Heldentaten und bitteren Enttäuschungen, erfolgreichen Zeiten und langen Perioden mangelnden Erfolges. All das hat jedoch wenig Bedeutung, denn Ferrari ist – ganz einfach – der Inbegriff der Formel 1.
Es ist das einzige Formel-1-Team, das von 1950 bis zum heutigen Tag, an jeder Weltmeisterschaft teilgenommen hat. Es ist das Team, das die meisten Grand Prix-, die meisten Fahrer- und Konstrukteurweltmeisterschaftstitel gewonnen hat. Ferrari ist gleichermaßen Vergangenheit und Gegenwart einer Sportart, die zu Recht als Krönung des Motorsports bezeichnet wird. Es ist der Beweis für eine historische und sportliche Erscheinungsform, die sich weder durch den Lauf der Zeit noch durch Ereignisse geändert hat. Ferrari ist eben Ferrari, eine Legende, die immer weiter wächst und die bisher in jeder Saison, nach jedem Sieg, den die Männer in Rot errungen haben, gefeiert wird.

1948/49 Ferraris Formel-1-Debut erfolgte 1948 beim Gran Premio Del Valentino (Turin, Italien), mit dem 125er, angetrieben durch einen V12-Motor mit 1500 ccm Hubraum und aufgeladen durch einen Roots-Kompressor. Zwölf Monate später siegte Alberto Ascari beim italienischen GP in Monza.

1950/51 Ferrari erzielte seinen allerersten Sieg in der gerade neu geschaffenen Formel 1-Weltmeisterschaft. In Silverstone (USA) stand Froilan Gonzales erstmals für Ferrari auf dem Siegerpodest. 1951 fuhr Ascari mit dem Ferrari 375 mit Vergasermotor als Zweiter über die Ziellinie.

1952/53 Nach dem Rückzug von Alfa Romeo wurden Autos der Junior-Klasse (cadet) bei der Weltmeisterschaft der Formel 1 zugelassen. Ferrari beherrschte die Szene mit dem 500 F2. Alberto Ascari wurde 1952 und 1953 zum Weltmeister gekrönt.

1954/55 Gegen Juan Manuel Fangio und seinen Silberpfeil, Mercedes W196, hatten die Konkurrenten keinerlei Chancen. 1954 und 1955 nahm Ferrari mit dem 553/555 und dem 625 an der Weltmeisterschaft teil, konnte aber nur auf einen »zufälligen« Sieg von Mike Hawthorn, Maurice Trintignant oder von José Froilán Gonzáles hoffen.

1956 Mit dem D50 V8, der von Lancia übernommen worden war (Lancia zog sich nach dem Tod von Alberto Ascari vom Motorsport zurück), war Ferrari wieder wettbewerbsfähig. Juan Manuel Fangio errang auf diesem Fahrzeug die Weltmeisterschaft für Ferrari.

1957/58 Nach einer turbulenten Saison im Jahr 1957 wurde Mike Hawthorn 1958 Weltmeister auf dem Ferrari 246 F1. Enzo Ferraris Sohn Dino, dessen Bolide ebenfalls mit einem der neuen 2500 ccm-V6-Motoren ausgestattet war, konnte keine Erfolge vorweisen.

1959/60 In den folgenden zwei Jahren musste Ferrari mit dem leistungsstarken, aber nicht wirklich schnellen Ferrari 256 F1 mit Frontmotor, seine Spitzenposition an Jack Brabham auf Cooper T51-Climax S4 mit Heckmotor abgeben.

1961 Ferrari war durch den Erfolg von Cooper gezwungen, auf eine Konstruktion mit Heckmotor umzustellen. Mit dem Ferrari Dino 156 V6 beherrschten die roten Autos die Saison 1961. Der Amerikaner Phil Hill wurde auf dem neuen Auto Weltmeister in Monza. Bei diesem Rennen fanden bei einem tragischen Unfall in der zweiten Runde Graf Berghe von Trips (Ferrari Dino) und 14 Zuschauer den Tod. Sein Wagen hatte Jim Clarks Lotus berührt und wurde gegen eine Erdmauer geschleudert.

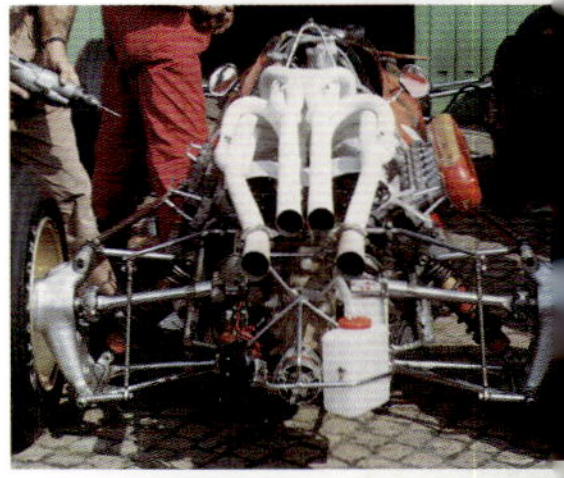

1962/63 Enzo Ferrari setzte wieder voll auf den Dino 156 F1. Die roten Autos wurden jedoch eindeutig von den britischen Teams (BRM und Lotus) geschlagen. Den einzigen Sieg der Saison konnte John Surtees beim Deutschland-Grand-Prix auf dem Nürburgring erringen.

1964/65 Nachdem der veraltete 156 F1 in den Ruhestand geschickt worden war, trat das Maranello-Team mit dem Achtzylinder 158 V8 und dem 512 F12 an, angetrieben von einem neu entwickelten 12-Zylinder-Motor. Mit diesem Wagen errang der Brite John Surtees, der siebenmalige Motorrad-Weltmeister, 1964 auf Anhieb den Weltmeistertitel, knapp vor Jim Clark (Lotus 33 Climax V8) und Graham Hill (BRM P261 V8).

1966 Der Hubraum des Motors wurde auf 3000 ccm vergrößert. Ferrari war das erste Team, das einen Dreiliter-V12-Motor baute. John Surtees sollte mit dem neuen Ferrari 312 V12 seinen zweiten Weltmeisterschaftstitel einfahren, aber überraschenderweise schied er nach dem Sieg im belgischen Spa-Franchorchamps aus dem Team aus und wechselte zu Cooper.
Den zweiten Sieg für Ferrari in dieser Saison konnte Ludovico Scarfiotti in Monza beim italienischen Grand-Prix einfahren.

Marlboro
BP
elf

GOOD YEAR
NIKI LAUDA
Marlboro
GOODYEAR
Agip
HEUER
12
Agip
GOOD YEAR
Agip

1967 Lorenzo Bandini, Spitzenfahrer der Scuderia Ferrari, verlor sein Leben in den Schlussrunden beim Grand Prix von Monaco.

1968/69 Der Ferrari 312 V12 hatte in zwei Formel-1-Saisons gerade mal einen Sieg erringen können. Der belgische Fahrer Jacky Ickx gewann in Rouen den Frankreich-Gran-Prix.
1968 führte Ferrari die »Flügel« in der Formel 1 ein.

1970 Das Jahr brachte die Wende für das Team aus Maranello. Nachdem der wettbewerbsuntaugliche 312 V12 zurückgezogen worden war, präsentierte Ferrari den 312 B F12, der mit einem inovativen 12-Zylinder-Boxer-Motor ausgestattet war. Jacky Ickx, der Zweiter in der Meisterschaft wurde, gewann in Österreich, Kanada und in Mexiko, während der Neuling Clay Regazzoni beim Grand-Prix von Italien in Monza triumphierte.

1971/72 Ferrari strebte den Titel für Jacky Ickx und den vorzüglichen 312 B2 an. Durch Reifenprobleme und mangelnde Zuverlässigkeit der Technik erreichte man 1971 aber lediglich zwei Siege und gerade mal einen einzigen im darauf folgenden Jahr.

1973 Nach der Umstellung auf einen Heckmotor übernahm Ferrari nun auch das Schalenchassis (Monocoque), das Anfang der sechziger

Jahre von Lotus in der Formel 1 eingeführt worden war. Die erste lastentragende Fahrerkabine dieser Art wurde in England von den Spezialisten Thompsons hergestellt. Der Ferrari 312 B3 war jedoch nicht wettbewerbsfähig. Deshalb verließ Jacky Ickx am Ende der Saison, nach fünf Jahren in Maranello das Team und wechselte zu Williams.

1974 Alle, die vermuteten, Ferrari befinde sich nach der katastrophalen Saison 1973 in einer Krise, mussten umdenken. Denn der Schweizer Clay Ragazzoni, der wieder zu Ferrari kam, und der Neuzugang Niki Lauda beherrschten die Saison 1974. In diesem Jahr hatte Chefingenieur Mauro Forghieri einige Verbesserungen an dem 312 B3 vorgenommen. Und es war lediglich Pech, dass der Schweizer den Weltmeisterschaftstitel nicht schaffte.

1975 Elf Jahre nach dem Erfolg von John Surtees holte Niki Lauda den Weltmeistertitel nach Maranello zurück. Der Österreicher fuhr den sensationellen 312T, den ersten Monoposto von Ferrari, der mit einem quer eingebauten Getriebe versehen war.

1976/77 Ein Unfall beim Deutschland-Grand-Prix, bei dem sich Lauda schwere Brandverletzungen zuzog, verhinderte, dass Niki Lauda seinen Titelgewinn von 1976 wiederholen konnte. Bereits 1977 errang der Österreicher wieder den Titel, verließ dann aber überraschender

Lubri
BS
BRIDG
BROOKLYN
Agip
11
HEUER

MICHELIN
FIAT
Labatt
LONGINES
27
Agip
olivetti
SKF
arexons

Weise Ende der Saison das Ferrari-Team, um für das Brabham-Alfa-Team von Bernie Ecclestone zu starten.

1978 war ein wechselvolles Jahr für Ferrari –, es wurden zwar fünf Siege eingefahren (vier davon von Carlos Reutemann, einer von Gilles Villneuve), die technische Überlegenheit des Lotus 78-Ford V8 von Mario Andretti musste jedoch zur Kenntnis genommen werden.

1979 In dieser Saison triumphierte Ferrari. Sieg in der Konstrukteursweltmeisterschaft mit dem absolut zuverlässigen Ferrari 312 T4, dem ersten »Flügel-Auto« der Scuderia. Jody Scheckter beendete die Saison als Weltmeister in Monza, sein Teamkollege Gilles Villeneuve wurde Zweiter.

1980 Ferraris Chancen waren wieder tief gesunken. Nur das Talent Gilles Villeneuve konnte verhindern, dass das Team zum Gespött der Formel-1-Szene wurde. Die Scuderia wurde eindeutig von Williams und Brabham in den Schatten gestellt.

1981 Ferrari wechselte vom Zwölfzylinder-Boxermotor auf einen Turbo-Motor. Der unzähmbare Gilles Villeneuve triumphierte damit in Monte Carlo und in Spanien, hatte aber keine reelle Chance auf den Titelgewinn …

1982–83 Das Maranello-Team errang 1982 und 1983 jeweils den Sieg bei der Konstrukteursweltmeisterschaft. Die Freude über die Siege mit dem Turbo wurde 1982 jedoch überschattet durch den Tod von Gilles Villeneuve beim Qualifikationslauf des Grand Prix in Belgien.

1984 Nach vielen Jahren mit ausländischen Piloten verpflichtete man in Maranello einen Italiener. Michele Alboreto. Der Gewinner des Belgien-Grand-Prix in Zolder wurde nur Zweiter in der WM-Wertung. Grund war die technische Überlegenheit der Mc-Laren-TAG-Turbo-Porsche, die von Niki Lauda und Alain Prost gefahren wurden.

1985/86 Die Turbo-Motoren von Honda, Renault, BMW und Porsche übertrafen den Ferrari V6 Turbo eindeutig in der Leistung. 1985 war zwar ein schwieriges, aber dennoch zufriedenstellendes Jahr, es sollte aber der Beginn des Niedergangs des italienischen Teams werden.

1987/88 Mit Gerhard Berger und dem F1 87, der mit einem Turbo-Motor ausgerüstet war, konnte Ferrari noch einmal einen Erfolg verbuchen. Der Kampf um den Weltmeisterschaftstitel war jedoch eine Privatsache zwischen Williams-Honda und McLaren-Honda.

1989/90 Der revolutionäre F1 89 fuhr endlich sein erstes Rennen. Das Auto mit Vergasermotor war von John Barnard konstruiert und mit

Agip
A. PROST
Marlboro
FIAT
GOODYEAR

Marlboro
Marlboro
KERAKOLL
SCHUMACHER
Marlboro

einem halbautomatischen Getriebe ausgestattet worden. Nach drei Siegen in der Saison 1989 war der neu verpflichtete und amtierende Weltmeister Alain Prost 1990 kurz davor, den Titel zu erringen. Der Franzose verfehlte nur knapp den Titel – er musste ihn Ayrton Senna überlassen, nachdem ihm Senna bei einem umstrittenen Bremsmanöver ins Heck fuhr und beide Fahrzeuge ausfielen.

1991/93 Der Weltmeisterschaftstitel konnte auch 1990 nicht gewonnen werden – dies war der Beginn einer langen Periode der Misserfolge für Ferrari. Drei Jahre lang waren die Piloten der Scuderia nicht in der Lage, einen Platz auf dem Siegerpodest zu erringen. Die roten Renner wurden von McLaren und Williams in die zweite Reihe verwiesen.

1994/95 Der neue Ferrari-Vorsitzende Luca Cordero di Montezemolo rief John Barnard nach Maranello zurück und prompt kehrte Ferrari auf das Siegertreppchen zurück. 1994 gewann Gerhard Berger mit dem T1 412 in Hockenheim den Deutschland-Grand-Prix. Im darauf folgenden Jahr war es Jean Alesi, der im T2 412 in Montreal den Kanada-Grand-Prix gewann.

1996 Mit der Vertragsunterzeichnung des amtierenden Weltmeisters, des Deutschen Michael Schumacher, tat Ferrari alles nur Mögliche, um

einen Weltmeistertitel zu gewinnen, der für das Ferrari-Team seit Langem unreichbar gewesen war. In seinem ersten Jahr bei der italienischen Truppe gewann »Kaiser Schumi« bereits drei Rennen mit dem mittelmäßigen F310.

1997/98 In zwei Rennsaisons war Michael Schumacher und sein Ferrari ganz vorne mit dabei und hatte reelle Chancen auf einen Meistertitel, konnte aber beide Gelegenheiten nicht nutzen. 1997 wurde Ferraris Starpilot von Jacques Villeneuve, dem Williams-Ass überlistet. Im darauf folgenden Jahr musste er sich hinter dem McLaren-Mercedes von Mika Häkkinen mit dem zweiten Platz zufrieden geben – eine Reifenpanne warf ihn in der Halbzeit des letzten Rennens der Saison aus dem Rennen.

1999 Genau 16 Jahre nach seinem letzten Titelgewinn im Jahr 1983, gewann Ferrari wieder die Konstrukteurs-Weltmeisterschaft. Beim Kampf um die Fahrerkrone musste sich Eddie Irvine, der nach Schumachers Crash in Silverstone die Nummer 1 der Fahrerliste anführte, mit dem zweiten Platz hinter dem Sieger Mika Häkkinen begnügen.

2000 Das gleiche Schicksal ereilte Ferrari und Michael Schumacher noch einmal. 2000 brachte der deutsche Pilot den Weltmeisterschaftstitel nach Maranello zurück. Mit zehn Siegen bescherte er im

Marlboro
vodafone
OLYMPUS
FIAT
vodafone
vodafone
vodafone

Marlboro
Marlboro
V-Power
BRIDGESTONE
AMD
Marlboro
FIAT
acer
vodafone
vodafone

Jahr 2000 dem italienischen Team seinen zweiten aufeinander folgenden Konstrukteurstitel.

2001 Jeder, der dachte, dass es Ferrari und Michael Schumacher an Motivation nach dem Titelgewinn fehlen könnte, wurde eines Besseren belehrt. Die Scuderia und ihr Nr. 1-Pilot wiederholten 2001 das Kunststück, obwohl sie ein Rennen weniger als im Vorjahr gewonnen hatten …

2002 Mit 15 Siegen in 17 Rennen beherrschte Ferrari 2002 die Weltmeisterschaft, zuerst mit dem F2001, dann mit dem F2002, einem der besten Rennautos, das je in Maranello gebaut wurde. Mit 11 Siegen wurde Michael Schumacher zum dritten Mal hintereinander Weltmeister. Das war nun der fünfte Weltmeistertitel – damit zog er mit dem legendären Juan Manuel Fangio gleich.

2003 Der Kampf um den Gewinn von zwei weiteren Titeln wurden härter, aber die Ergebnisse sprachen eine eindeutige Sprache: Ferrari und Michael Schumacher waren auch im fünften Jahr in Folge wieder unbesiegbar.

2004 Trotz aller Spekulationen, dass Ferrari in einer Krise stecke und Michael Schumacher sich aus dem Formel-1-Geschehen zurückziehen

wolle, hatte man in Maranello andere Vorstellungen. Dort wurde der beste Grand-Prix-Rennwagen aller Zeiten, der F2004, gebaut. Der Wagen wies die Gegner in die Schranken und bescherte den Ferrari-Fans eine weitere erfolgreiche Saison: der sechste aufeinander folgende Konstrukteursweltmeistertitel und der siebte Weltmeistertitel für Pilot Schumacher.

2005 Die FIA änderte die technischen Regeln. Die Überlegenheit der Michelin-Reifen im Vergleich zu den Bridgestone-Reifen beeinflussen die Saison für Ferrari negativ und es reichte gerade mal für einen Sieg in Indianapolis.

2006 Der Traum von einem nagelneuen Ferrari und vom achten Titel für Michael Schumacher platzte genau 16 Runden vor dem Zieleinlauf beim Grand Prix in Japan, als der V8-Motor des 248 F1 Nr. 5 plötzlich ausfiel. Dies machte den Weg für das Renault-Alonso-Team frei. Ferraris technische Überlegenheit war unbestritten, jedoch erst in der zweiten Hälfte der Saison.

2007 Nach elf äußerst erfolgreichen Saisons für Ferrari hängt Schumacher seinen Helm endgültig an den Nagel. Im neuen Ferrari-Team für 2007 sind Felipe Massa und Kimi Raikkönen, der im letzten Rennen der Saison den McLaren Piloten die Krone abjagt.

MARTINI
FIAT

Der siebenmalige Ex-Champion Michael Schumacher, den Jean Todt so gern auch 2007 am Steuer eines seiner Boliden gesehen hätte, fungierte offiziell als Berater der Teamführung. Auch wenn sich die Roten diesbezüglich nicht in die Karten schauen ließen: Die Tätigkeit des Rheinländers wird nicht wesentlich über gelegentliches Schulterklopfen hinausgegangen sein…

»Schumi« steht in Maranello offenbar aus nur einem Grund weiterhin auf der Lohnliste: Fraglos will man bei Ferrari vermeiden, dass ihn einer der Konkurrenten als Aushängeschild nutzt. Der Superstar hat das Thema Formel 1 inzwischen abgehakt und sich wieder seiner »alten Liebe«, dem Kartsport, zugewandt. Es würde wohl niemanden überraschen, wenn er hinter den Kulissen daran arbeitet, seinen Sohn Mick darauf vorzubereiten, eines Tages in die Formel 1 aufzusteigen.

Ferrari gab 1948 sein Formel 1-Debut beim Gran Premio del Valentino (Turin) mit dem 125. Das Auto (rechts, in den ersten Runden mit Nino Farin) war mit einem aufgeladenen V12-Motor mit 1500 ccm Hubraum ausgestattet.

1949 engagierte Enzo Ferrari (oben) Alberto Ascari, der den Schweizer Grand Prix gewann (rechte Seite).

1951 errang Froilan Gonzales für Ferrari den ersten Sieg in der Formel 1, als er den Großen Preis von Großbritanien in Silverstone gewann (linke Seite). Im gleichen Jahr, gewann Ascari auch in Deutschland und in Monza (unten).

4

Alberto Ascari und der Ferrari 500 F2 hatten 1952/53 keine Rivalen (Doppelseite 38-39 und rechts). Der Pilot aus Mailand gewann elf Rennen und war zwei Jahre hintereinander Weltmeister: Das waren die ersten WM-Titel für die Scuderia.

MOSS
STUCK
OSCA
CHIRON
E.C.
GORDINI
50
4
6

1954 änderte Ferrari den 500 F2 in den 625. Dieser konnte aber die erwarteten Resultate nicht bringen. Die roten Autos konnten in einer Weltmeisterschaft, die von Juan Manuel Fangio im Silberpfeil von Mercedes beherrscht wurde, nur zwei Siege erringen, und zwar mit Gonzales (links) und Maurice Trintignant (rechts).

14

Der Ferrari 553 (oben) und der Ferrari 555 (linke Seite), die in den Jahren 1954/55 eingesetzt wurden, waren beide erfolglos.

CASTROL
TRANSMISSIONS
A CARDAN
GLAENZER SPICER
10
10

Nach dem Tod von Alberto Ascari gab Lancia seine Autos in die Scuderia Ferrari ab. Mit dem innovativen D50 beherrschte Fangio (links) die Saison und gewann den dritten Weltmeistertitel seiner Karriere. 1957 wurde der D50 zum 801.

EXTRA
TOTAL
4

1958 war Ferrari mit dem 246 F1 wieder auf der Gewinnerstraße. Mit dem 246 F1, der auf einem Formel-2-Fahrzeug basierte (rechts), errang Mike Hawthorn (links, in Rouen beim Grand Prix von Frankreich) den Weltmeistertitel.

1959 entwickelte Ferrari den 246 F1 zum 256 F1 weiter. Tony Brooks (links, in Monte-Carlo) gewann in Frankreich und Deutschland und stand kurz vor dem Titelgewinn. 1960 wurde Ferrari durch den kleinen, flinken Cooper-Climax mit Heckmotor ausgebremst.

AMSTEL
1

38

22

DUNLOP

38

3

Ferrari, das bisher immer einem Frontmotor den Vorzug gegeben hatten, musste auf den Heckmotor umstellen, (»der Ochse, der den Karren schiebt«), wenn sie wieder siegen wollten. Die Resultate gaben ihnen recht: 1961 beherrschten der 156 F1, gefahren von Phil Hill (links und rechts) und Berghe von Trips (vorhergehende Doppelseite) die Formel-1-Szene.

18

8

7

Ferraris sechsten Fahrerweltmeisterschaftstitel errang John Surtees im Jahr 1964 (rechts, links, vorherige Doppelseite). 1966 wurde das erste Auto aus der 312-Serie der Öffentlichkeit präsentiert. Es wurde von einem 3 Liter-V12-Motor (rechts, »Lulù« Scarfiotti, der in Monza gewann) angetrieben.

CYNAR
6

PROVA-MO-36

18

IGNIS
réfrigérateurs
elf

SHELL
Firestone
FERODO

Für Ferrari war das Jahr 1967 (vorstehende Seiten) durch den Tod von Lorenzo Bandini (18 Jahre alt) in Monaco überschattet. 1968 sah man zum ersten Mal »Flügel« an dem 312, mit dem Jacky Ickx in Rouen den Großen Preis von Frankreich gewann (rechts).

11

12
SHELL
SHELL

12

Shell
Shell
10
Firestone
Firestone
Shell

HEUER
4T
GOODYEAR
GOODYEAR

JACKY ICKX
CHAMPION

Gulf
Shell
SHELL
MOTUL
YARDLEY TEAM B.R.M
10
FERODO
CHAMPION
BORG&BECK
FERODO
KONI
MAGNETI MARELLI
2

SEAT
Shell
GOODYEAR
Firestone
HEUER
4
5
6
20

Ferrari war 1970 abermals mit dem 312 B und dem 3-Liter-Zwölfzylinder-Boxermotor erfolgreich. Jacky Ickx (vorhergehende Doppelseite) gewann die letzten Rennen um die Weltmeisterschaft und um ein Haar auch den Weltmeistertitel. 1971 erfolgte das Debut des berühmten B2 (rechts).

Mit dem 312 B2, einem der schönsten Formel-1-Autos, das je von Ferrari je gebaut wurde, konnte 1971 nur ein einziger Sieg eingefahren werden und zwar durch Jacky Ickx (links), der den Grand Prix von Holland gewann.
1972 siegte der belgische Pilot (nächste Seiten) beim Grand Prix von Deutschland.

ENTREPRISES
OUILLERY S^T MAUR
J. STEWART
Britax
FERODO
5
CHAMPION
KONI
JACKY ICKX
Britax
4
CHAMPION
Shell

Shell
Firestone
5
Shell

Shell
Shell
Firestone

ASTOR
LOCKHEED

JACKY ICKX

ASTOR
LAY REGAZZONI
YPF
9
KONI
CHAMPION

CHRONOGRAPH
HEUER
von
Deutschland

30
Firestone
Shell

Shell
CHRONOGRAPH
HEUER
5
Firestone

KENT
JACKY ICKX
HEUER
4

MERZARIO

Firestone
HEUER
YPF
9
Firestone
Firestone

nanni galli

KENT

HEUER

GOODYEAR
Marlboro
HEUER
7
GOODYEAR
GOODYEAR
Shell
Shell

GOODYEAR
GOODYEAR
CIRCUIT
PAUL RICARD
4
ARTURO MERZARIO
FERODO
4

Marlboro

Bis 1973 war Ferrari dem röhrenförmigen Stahlrahmen treu geblieben, dann wechselte man zu einem Monocoque. Das Chassis war in England von Thompson konstruiert worden. Der 312 B3 (rechts und links) war für Ferrari jedoch eine Enttäuschung.

Der von Forghieri überarbeitete 312 B3 überraschte bei seinem Debut und brachte Ferrari 1974 mit Regazzoni (links und rechts), der knapp den Weltmeistertitel verfehlte, und Niki Lauda (nachfolgende Seiten) wieder zum Erfolg.

GOOD YEAR
GOODYEAR
Clay Regazzoni
HEUER
FERODO

GOODYEAR
HEUER
Agip
GOODYEAR
Agip
HEUER

GOODYEAR
Niki Lauda
12
Lockheed
CHAMPION
FERODO
Agip

12
Agip
GOODYEAR

GOODYEAR
HEUER
Agip

GOODYEAR

12
GOODYEAR
Agip
Niki Lauda
SKF
arexons
SCHMITTHELM

Die Enttäuschung über den verpassten Weltmeistertitel im Jahr 1974 war beim Scuderia-Team schnell vergessen. 1975 waren sie mit Niki Lauda (links und rechts) und dem Ferrari 312 T un-schlagbar.

Marlboro
BP course
la nouvelle huile BP
MAZDA
KONI
elf
12
8
24

FIAMM
GOOD YEAR
Agip
HEUER
12

GOOD YEAR
Agip

YEAR
GOODYEAR
Marlboro
agv

GOODYEAR GOODYEAR
Marlboro
Ausonia
GOODYEAR
Agip
HEUER
2
Agip
GOODYEAR
Agip

GOODYEAR
GOODYEAR
1
Agip
NIKI
LAUDA
Marlboro
Niki Lauda
CIRCUIT
PAUL RICARD
MAGNETI
MARELLI
SCHMITTHELM
Speedline
SKF
arexons
CHAMPION
FERODO
CH POZZI

Lauda und Ferrari (links und rechts) waren drauf und dran, den Titel auch 1976 zu verteidigen. Beim Grand Prix in Deutschland hatte der österreichische Pilot aber einen schweren Unfall – sein Auto fing Feuer. Nachdem Lauda nur knapp dem Tod entronnen war, wurde er 1977 zum zweiten Mal Weltmeister (nachfolgende Seiten).

Marlboro
Marlboro
parmalat
Agip
11
HEUER
Agip MICHELIN Agip

GRAND
Marlboro
Agip
smeg

Marlboro
Labatt
BELL

FORMULA 1
CHESTERFIELD
BRETT LUNGER
MICHELIN
Agip
HEUER
MICHELIN
Agip
Agip

Marlboro
Labatt
Agip
12
HEUER
BS

GOOD YEAR
SMEG
BROOKLYN
CHEWING GUM

MICHELIN
BROOKLYN

Lubri Lon
MICHELIN

MICHELIN
Agip
FIAT
Jody Scheckter
11
MAGNETI MARELLI
speedline
SKF
arexons
brembo
CHAMPION
FERODO

1978 (vorstehende Seiten) war Übergangsjahr für Ferrari. Bereits 1979 war Ferrari jedoch mit dem 312 T4, von Jody Scheckter gefahren (rechts und links) wieder auf Siegeskurs. Der enttäuschende T5 war 1980 viel weniger erfolgreich (nachfolgende Seiten).

MICHELIN
MICHELIN
Agip

Marlboro
MICHELIN
GIACO
Marlboro
Gilles Villeneuve

MICHELIN
Agip
LONGINES
Jody Scheckter
FIAT

MICHELIN
Agip
MICHELIN
Agip
MICHELIN
2

Mit dem 126 C (links) begann bei Ferrari die Turboära. 1981 siegte Villeneuve (siehe nachfolgende Seiten) mit diesem Auto in Monte-Carlo und in Spanien.

MICHELIN
Labatt
LONGINES
Agip
olivetti

Shell Super Oil
28
olivetti
MICHELIN

FIAT
Gilles Villeneuve
LONGINES
27
Agip
olivetti
MAGNETI MARELLI
arexons
SKF
FERODO
MICHELIN

Marlboro
WORLD CHAMPIONSHIP TEAM
MICHELIN
CHAMPION
Agip
GIACO

GOOD YEAR
28
27

Labatt
CERAMICHE
GPA

LINE
WINNEBAGO
PIEMME
Labatt
Agip
27
GOODYEAR
GOODYEAR
Agip
olivetti

GOODYEAR
GOODYEAR
MAGNETI MARELLI
27
Agip
FIAT
Villeneuve
LONGINES
Agip
27
GOODYEAR
MAGNETI MARELLI
SKF
brembo
arexons
pininfarina
personal

Der Tod von Gilles Villeneuve und die ernsten Verletzungen von Didier Pironi beim Großen Preis von Deutschland belasteten 1982 die italienische Mannschaft. Es gelang jedoch, die Konstrukteursweltmeisterschaft zu gewinnen. Diesen Erfolg konnte man 1983 mit dem 126 C3 noch einmal wiederholen (nachfolgende Seiten).

GOODYEAR
28
FIAT
Agip
28
MAGNETI MARELLI
GOODYEAR
GOODYEAR
olivetti

GOODYEAR
Agip
27
MAGNETI MARELLI
olivetti
GOODYEAR
GOODYEAR

FIAT
GOODYEAR
Agip
Agip
Agip
MAGNETI MARELLI
GOODYEAR

LONGINES
FIAT
28
Agip

DUNLOP
NGK
DUNLOP
LOTO
26
antar
Turbo
RENAULT
europcar
Agip
Agip
28
MAGNETI MARELLI
WEBER
FIAT
Agip
SKF
arexons

Ein italienischer Pilot namens Michele Alboreto kam 1984 wieder zu Ferrari zurück (rechts und links). Der Mailänder gewann in Zolder den Großen Preis von Belgien, hatte aber im Kampf um den Titel der McLaren-Paarung Lauda und Prost nichts entgegen zu setzen.

GOODYEAR
FIAT
LONGINES
Agip
27
GOODYEAR
GOODYEAR
WEBER
MAGNETI MARELLI
GOULD

GOODYEAR
Marlboro
arexons
arexons
JEB'S
Marlboro
LONGINES

TALBOT
ILFORD
GOODYEAR
LONGINES
Agip
27
WEBER
MAGNETI MARELLI
GOULD
GOODYEAR
GOODYEAR

GOODYEAR
GOODYEAR
Marlboro
Agip
LONGINES
27
WEBER
MAGNETI MARELLI
GOODYEAR
GOODYEAR

1985 kam Alboreto (vorige Seiten) nah an den Titelgewinn heran. Im darauf folgenden Jahr (rechts und links) wurden seine Titelhoffnungen durch die technischen Probleme bei seinem Ferrari F1 86 – eines der unzuverlässigsten Formel-1-Autos, das Ferrari je gebaut hat – immer wieder zunichte gemacht.

GOODYEAR
27
GOODYEAR
GOODYEAR
Agip

Marlboro
Marlboro
Agip

Coca-Cola
Coca-Cola
Marlboro

Agip
Agip
Agip
Agip
Agip
FIAT
FIAT
Marlboro
EniChem

GOODYEAR
FIAT
FIAT
Marlboro
Agip
EniChem
27
GOODYEAR
GOODYEAR
MAGNETI MARELLI
WEBER

Marlboro
Agip
GOODYEAR
27
FIAT
N. MANSELL
Marlboro
MAGNETI MARELLI
SKF
speedline
WEBER
Agip
LONGINES
digital

Nachdem sich die Turbo-Ära dem Ende näherte (vorige Seiten, der F1 87), kam 1989 des F1 89 (rechts und links). Der innovative Ferrari war von John-Barnard entworfen worden und hatte eine halbautomatische Schaltung am Lenkrad.

GOODYEAR
Marlboro
FIAT
Marlboro
Agip
1
GOODYEAR
WEBER
GOODYEAR

Der amtierende Weltmeister Alain Prost (links) wollte 1990 den Titel wieder nach Maranello zurückholen, aber er kam nicht gegen Ayrton Senna an, der sich für die Niederlage im Jahr 1989 revanchierte.

ACM
GOODYEAR
Agip
GOODYEAR
28
FIAT
Marlboro
Marlboro
Agip
28
Agip
MAGNETI MARELLI
GOODYEAR
GOODYEAR

Nach dem Ausscheiden von Nigel Mansell kam 1991 der italo-französische Pilot Jean Alesi (links) zu Ferrari, der Dritter in Monte Carlo wurde.

ICEBERG
Agip
Agip
Agip

Marlboro

I. CAPELLI
Marlboro
Marlboro
Marlboro

FIAT
Marlboro
Agip
GOODYEAR
28
PIONEER
MAGNETI MARELLI
arexons
WEBER
SKF

Marlboro
Agip
GOODYEAR

Die Resultate von Ferrari verschlechterten sich 1992/93 mit dem wenig konkurrenzfähigen F92A (vorige Seiten) und dem F93 (rechts und links). 1994 stand Ferrari mit dem T1 412 (folgende Seiten) wieder auf dem Siegertreppchen.

NOKIA
MILD SEVEN
KOREAN AIR
Marlboro
FIAT
PIONEER
Agip
MAGNETI MARELLI
brembo
SKF
TELECOM

1995 holte Jean Alesi (rechts und links) seinen einzigen Sieg in der Formel 1 mit dem Ferrari 412 T2 beim Großen Preis von Kanada. Ferrari ersetzte ihn 1996 durch Michael Schumacher (nachfolgende Seiten).

Marlboro
FIAT
Shell
1
Asprey
PIONEER
Marlboro
SKF brembo BBS
TELECOM
STET

Asprey

Mobil
Marlboro
MOËT

Marlboro
1
MAGNETI MARELLI
FIAT
GOODYEAR
GOODYEAR
Shell
Shell

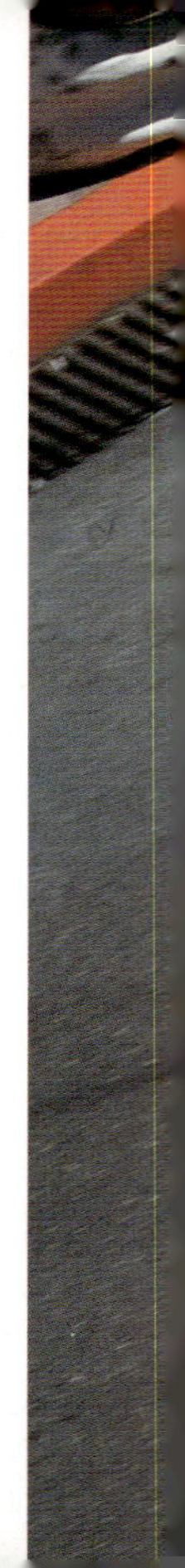

Doppelte Enttäuschung für Ferrari und Schumacher in in den Jahren 1997/98: 1997 (rechts und links) wurde der Deutsche, beim letzten Rennen, von Jacques Villeneuve besiegt und 1998 (folgende Seiten) von Mika Häkkinen, dem Spitzenfahrer von McLaren-Mercedes.

Marlboro
Marlboro
Marlboro
Marlboro
Shell
Shell
Shell
FIAT
Asprey
PIONEER
GOODYEAR
5
5

Shell
Marlboro
Marlboro
Asprey
Asprey
TELECOM ITALIA
GOODYEAR

Asprey
Marlboro
M.SCHUMACHER

Marlboro
Asprey
3
MAGNETI MARELLI
FIAT
GOODYEAR
Shell

Schumacher (rechts und links) gewann in Monte Carlo und Imola und stand 1999 kurz vor dem Gewinn der Weltmeisterschaft, als ein schwerer Unfall in Silverstone seine Titelhoffnungen zunichte machte.

SELÈNIA
MAGNETI MARELLI
Marlboro
FedEx

Marlboro
MAGNETI MARELLI
FedEx
FedEx

Marlboro
tic tac
Marlboro

SUZU
BRIDGESTONE
Shell
BRIDGESTONE
Shell
BRIDGESTONE
Marlboro

BRAKE
Marlboro
Shell

Im Jahr 2000, nach 21 Jahren ohne Erfolg, holte Michael Schumacher (rechts beim Grand Prix in Monte Carlo) den Weltmeistertitel der Konstrukteure nach Maranello zurück. Der Brasilianer Barrichello war sein Team-Gefährte.

GNETI
RELLI
Marlboro
Shell
FedEx
TIM
tic tac

Shell
Marlboro
tic tac
FedEx
TIM

Marlboro
FedEx

Marlboro
tic tac
Marlboro
TIM

FedEx
FedEx

FedEx
FedEx

tic tac
TIM

Schumacher und Barrichello gewannen in der Saison 2000 zehn Grand Prix-Rennen. Neben dem Titel des Fahrerweltmeisters (links, Schumacher bei seinem Sieg in Suzuka) gewann Ferrari in Malaysia auch die Konstrukteursweltmeisterschaft.

Marlboro Marlboro

HELIX
SELENIA
MOTOR OIL
Marlboro
TIM

Q8 Q8
BOSCH

MAGNETI
MARELLI
FIAT
FedEx
FedEx

BRIDGESTONE

Marlboro
Firestone
Marlboro
Shell
tic tac
FedEx

MAGNETI MARELLI

Marlboro
vodafone

Jeder, der annahm, dass Ferrari nun wunschlos glücklich sei, wurde eines Besseren belehrt, als das Team aus Maranello und sein Spitzenpilot (links, Schumacher bei seinem Sieg in Spanien) ihren unglaublichen Erfolg im darauf folgenden Jahr mit dem F2001 wiederholte.

Marlboro
vodafone
Shell
FIAT
BRIDGESTONE
AMD

Der F2002 war eines der besten Autos in der Geschichte der Scuderia Ferrari. 2002 beherrschte das italienische Team unangefochten die Saison mit 15 Siegen in 17 Rennen. Ferrari und Schumacher wurden abermals Weltmeister (links und rechts).

Shell
Bridgestone
AMD
Marlboro
vodafone
vodafone

Marlboro
AMD
Marlboro
vodafone
L'ORÉAL PARIS

vodafone

vodafone
FIAT

Marlboro
1999

Im Jahr 2003 widmete Ferrari seinen neuen F1-Boliden dem letzten Fiat-Chef, Gianni Agnelli. Schumacher wurde im F2003 GA (rechts und links) erneut Weltmeister, dieses Mal aber war der Kampf um den Titel wesentlich härter als in den Jahren zuvor.

Marlboro
vodafone
1
OLYMPUS
FIAT
vodafone
vodafone

vodafone
vodafone
FIAT

FOSTER'S
vodafone
1
OLYMPUS
FIAT
vodafone
BRIDGESTONE
Shell
vodafone
BRIDGESTONE
Shell

vodafone
vodafone

Shell
AMD
vodafone

Jeder, der dachte, dass Ferrari auf dem absteigenden Ast sei, musste seine Meinung revidieren. 2004 war die Vorherrschaft von Schumacher und seines F2004 für seine Rivalen geradezu peinlich – sie mussten quasi tatenlos zusehen, wie die rote Konkurrenz in einer anderen Klasse fuhr.

Shell
Marlboro
OLYMPUS
FIAT
vodafone

Marlboro
Marlboro
Marlboro

BRIDGESTONE
Marlboro
vodafone
L'OREAL
PARIS

Marlboro
vodafone
Marlboro
PIAGGIO AERO

Shell

Marlboro

Im Jahr 2005 kam das Ferrari-Team mit seinem Material nicht in die Gänge. Nach dem Großen Preis von Imola (rechts) mit Schumacher an zweiter Stelle hinter Alonso, konnte der deutsche Pilot gerade mal auf einen Sieg in Indy zurückschauen.

Shell
Marlboro
MAHLE

vodafone
vodafone
FIAT
vodafone
vodafone

Marlboro
vodafone
FIAT
vodafone
vodafone

Marlboro
Marlboro

Marlboro
vodafone
Marlboro
BRIDGESTONE
vodafone
L'ORÉAL
PARIS
Marlboro

Marlboro
vodafone
vodafone
Marlboro
1
OLYMPUS
FIAT
vodafone
vodafone

Bridgestone
Marlboro
M.SCHUMACHER

Marlboro
Marlboro
Marlboro
vodafone
5

Bridgestone
vodafone
vodafone

2006: Wieder einmal ist Ferrari mit dem 248 F1 die Hauptattraktion bei der Formel 1. Der Monoposto war deutlich konkurrenzfähiger als das 2005er Modell. Barrichello verlässt das Team, dafür kommt der Brasilianer Felipe Massa.

Marlboro
Marlboro
Marlboro
Marlboro
Bridgestone
AMD
FIAT
acer
vodafone

TEAM SPIRIT
AMD

MARTINI
FIAT
vodafone

CLUTCH

BRIDGESTONE
AMD
V-Power

MARTINI
FIAT

Marlboro
MARTINI
FIAT

Nach elf Jahren in Maranello und 16 Jahren in der Formel 1 hängt Schumacher, (rechts mit Ferrari-Präsident Montezemolo) seinen Helm für immer an den Nagel. Kein Fahrer hatte zuvor jemals so viele Erfolge für Ferrari eingefahren.

Michael Schumacher, Brawn, Byrne und Martinelli verlassen 2007 Ferrari. Der Finne Raikkönen (Sieger beim Großen Preis von Australien) und Felipe Massa (folgende Seite), Sieger des Großen Preis von Bahrain und Spanien, sind die neuen Topp-Fahrer des Ferrari-Teams. Und was kaum möglich schien wurde Wirklichkeit: Mit einem Punkt Vorsprung holte der junge Finne den WM-Titel des Jahres.

Marlboro
6
Alice
MARTINI
FIAT
V-Power

GULF AIR طيران الخليج

FIAT

V-Power
BRIDGESTONE
AMD
Alice

MASSA
Marlboro
Marlboro

RAIKKONEN
Marlboro
Marlboro
Marlboro

Marlboro
Marlboro
AMD
Alice

Telefonica
GRAN PREMIO
DE ESPAÑA
Santander
vodafone
Santander
vodafone
MCLAREN MERCEDES
VODAFONE
MUMM

Marlboro
Marlboro
Alice
Alice
AMD
BRIDGESTONE
FIAT
V-Power
6

Marlboro
Marlboro
5
FIAT

MARTINI
MARTINI
MARTINI

Marlboro
Marlboro
Alice

Marlboro
FIAT

Marlboro
Marlboro
Marlboro

FIA Formula 1
vodafone
BRIDGESTONE
OMP

Siege 1950–2007

1951	Silverstone	14/07/51	Froilan Gonzales	Ferrari 375 F1
	Nürburgring	29/07/51	Alberto Ascari	Ferrari 375 F1
	Monza	16/07/51	Alberto Ascari	Ferrari 375 F1
1952	Bern-Bremgarten	18/05/52	Piero Taruffi	Ferrari 500 F2
	Spa-Francorchamps	22/06/52	Alberto Ascari	Ferrari 500 F2
	Rouen	06/07/52	Alberto Ascari	Ferrari 500 F2
	Silverstone	19/07/52	Alberto Ascari	Ferrari 500 F2
	Nürburgring	03/08/52	Alberto Ascari	Ferrari 500 F2
	Zandvoort	17/08/52	Alberto Ascari	Ferrari 500 F2
	Monza	07/09/52	Alberto Ascari	Ferrari 500 F2
1953	Buenos Aires	07/09/53	Alberto Ascari	Ferrari 500 F2
	Zandvoort	07/06/53	Alberto Ascari	Ferrari 500 F2
	Spa-Francorchamps	21/06/53	Alberto Ascari	Ferrari 500 F2
	Reims	05/07/53	Mike Hawthorn	Ferrari 500 F2
	Silverstone	18/07/53	Alberto Ascari	Ferrari 500 F2
	Nürburgring	02/08/53	Giuseppe Farina	Ferrari 500 F2
	Bern-Bremgarten	23/08/53	Alberto Ascari	Ferrari 500 F2
1954	Pedralbes	24/10/54	Mike Hawthorn	Ferrari 553 F1
	Silverstone	17/07/54	Froilan Gonzales	Ferrari 625 F1
1955	Monaco	22/05/55	M. Trintignant	Ferrari 625 F1
1956	Buenos Aires	22/01/56	Manuel Fangio	Ferrari D50
1956	Spa-Francorchamps	03/06/56	Peter Collins	Ferrari D50
	Reims	01/07/56	Peter Collins	Ferrari D50
	Silverstone	14/07/56	Manuel Fangio	Ferrari D50
	Nürburgring	05/08/56	Manuel Fangio	Ferrari D50

1958	Reims	06/07/58	Mike Hawthorn	Ferrari 246 F1
	Silverstone	19/07//58	Peter Collins	Ferrari 246 F1
1959	Reims	05/07/59	Tony Brooks	Ferrari 256 F1
	Avus	02/08/59	Tony Brooks	Ferrari 256 F1
1960	Monza	04/09/60	Phill Hill	Ferrari 256 F1
1961	Zandvoort	22/05/61	Volfgang von Trips	Ferrari 156 F1
	Spa-Francorchamps	18/06/61	Phil Hill	Ferrari 156 F1
	Reims	02/07/61	Giancarlo Baghetti	Ferrari 156 F1
	Aintree	22/05/61	Volfgang von Trips	Ferrari 156 F1
	Monza	10/09/61	Phil Hill	Ferrari 156 F1
1963	Nürburgring	22/05/63	John Surtees	Ferrari 156 F1
1964	Nürburgring	02/08/64	John Surtees	Ferrari 158 F1
	Zeltweg	23/08/64	Lorenzo Bandini	Ferrari 156 F1
	Monza	06/09/64	John Surtees	Ferrari 158 F1
1966	Spa-Francorchamps	12/06/66	John Surtees	Ferrari 312 F1
	Monza	04/09/66	Ludovico Scarfiott	Ferrari 312 F1
1968	Rouen les Essarts	07/07/68	Jacky Ickx	Ferrari 312 F1
1970	Osterreichring	16/08/70	Jacky Ickx	Ferrari 312 B
	Monza	06/09/70	Clay Regazzoni	Ferrari 312 B
	St. Jovite	20/09/70	Jacky Ickx	Ferrari 312 B
	Mexico City	18/10/70	Jacky Ickx	Ferrari 312 B
1971	Kyalami	06/03/71	Mario Andretti	Ferrari 312 B
	Zandvoort	20/07/71	Jacky Ickx	Ferrari 312 B2
1972	Nürburgring	30/07/72	Jacky Ickx	Ferrari 312 B2
1974	Jarama	28/04/74	Niki Lauda	Ferrari 312 B3
	Zandvoort	23/06/74	Niki Lauda	Ferrari 312 B3
	Nürburgring	04/08/74	Clay Regazzoni	Ferrari 312 B3
1975	Montecarlo	11/05/75	Niki Lauda	Ferrari 312 T
	Zolder	25/05/75	Niki Lauda	Ferrari 312 T

	Anderstorp	08/06/75	Niki Lauda	Ferrari 312 T
1975	Paul Ricard	06/07/75	Niki Lauda	Ferrari 312 T
	Monza	07/09/75	Clay Regazzoni	Ferrari 312 T
	Watkins Glen	05/10/75	Niki Lauda	Ferrari 312 T
1976	Interlagos	25/01/76	Niki Lauda	Ferrari 312 T
	Kyalami	06/03/76	Niki Lauda	Ferrari 312 T
	Long Beach	28/03/76	Clay Regazzoni	Ferrari 312 T
1976	Zolder	16/05/76	Niki Lauda	Ferrari 312 T2
	Montecarlo	30/05/76	Niki Lauda	Ferrari 312 T2
	Brands Hatch	18/07/76	Niki Lauda	Ferrari 312 T2
1977	Interlagos	23/01/77	Carlos Reutemann	Ferrari 312 T2
	Kyalami	05/03/77	Niki Lauda	Ferrari 312 T2
	Hockenheim	31/07/77	Niki Lauda	Ferrari 312 T2
	Zandvoort	08/08/77	Niki Lauda	Ferrari 312 T2
1978	Rio de Janeiro	29/01/78	Carlos Reutemann	Ferrari 312 T2
	Long Beach	02/04/78	Carlos Reutemann	Ferrari 312 T3
	Brands Hatch	16/07/78	Carlos Reutemann	Ferrari 312 T3
	Watkins Glen	01/10/78	Carlos Reutemann	Ferrari 312 T3
	Montreal	08/10/78	Gilles Villeneuve	Ferrari 312 T3
1979	Kyalami	03/03/79	Gilles Villeneuve	Ferrari 312 T4
	Long Beach	08/04/79	Gilles Villeneuve	Ferrari 312 T4
	Zolder	13/05/79	Jody Scheckter	Ferrari 312 T4
	Montecarlo	27/05/79	Jody Scheckter	Ferrari 312 T4
	Monza	09/09/79	Jody Scheckter	Ferrari 312 T4
	Watkins Glen	07/10/79	Gilles Villeneuve	Ferrari 312 T4
1981	Montecarlo	31/05/81	Gilles Villeneuve	Ferrari 126 C
	Jarama	21/06/81	Gilles Villeneuve	Ferrari 126 C
1982	Imola	25/04/82	Didier Pironi	Ferrari 126 C2
	Zandvoort	03/07/82	Didier Pironi	Ferrari 126 C2

	Hockenheim	08/08/82	Patrick Tambay	Ferrari 126 C2
1983	Imola	01/05/83	Patrick Tambay	Ferrari 126 C2/B
1983	Montreal	12/06/83	René Arnoux	Ferrari 126 C2/B
	Hockenheim	07/08/83	René Arnoux	Ferrari 126 C3
	Zandvoort	28/08/83	René Arnoux	Ferrari 126 C3
1984	Zolder	29/04/84	Michele Alboreto	Ferrari 126 C4
1985	Montreal	16/06/84	Michele Alboreto	Ferrari 156/85
	Nurburgring	04/08/84	Michele Alboreto	Ferrari 156/85
1987	Suzuka	01/11/87	Gerhard Berger	Ferrari F1 87
	Adelaide	15/11/87	Gerhard Berger	Ferrari F1 87
1988	Monza	11/09/88	Gerhard Berger	Ferrari F1 87/88
1989	Jacarepagua	26/03/89	Nigel Mansell	Ferrari F1 89
	Hungaroring	13/08/89	Nigel Mansell	Ferrari F1 89
	Estoril	24/09/89	Gerhard Berger	Ferrari F1 89
1990	Interlagos	25/03/90	Alain Prost	Ferrari F1 90
	Mexico City	24/06/90	Alain Prost	Ferrari F1 90
	Paul Ricard	08/07/90	Alain Prost	Ferrari F1 90
	Silverstone	15/07/90	Alain Prost	Ferrari F1 90
	Estoril	23/09/90	Nigel Mansell	Ferrari F1 90
	Jerez	30/09/90	Alain Prost	Ferrari F1 90
1994	Hockenheim	31/07/94	Gerhard Berger	Ferrari 412 T1
1995	Montreal	11/06/95	Jean Alesi	Ferrari 412 T2
1996	Barcellona	02/06/96	M. Schumacher	Ferrari F 310
	Spa-Francorchamps	25/08/96	M. Schumacher	Ferrari F 310
	Monza	08/09/96	M. Schumacher	Ferrari F 310
1997	Montecarlo	11/05/97	M. Schumacher	Ferrari F 310 B
	Montreal	15/06/97	M. Schumacher	Ferrari F 310 B
	Magny Cours	29/06/97	M. Schumacher	Ferrari F 310 B
	Spa-Francorchamps	24/08/96	M. Schumacher	Ferrari F 310 B
	Suzuka	12/10/97	M. Schumacher	Ferrari F 310 B

1998	Buenos Aires	12/04/98	M. Schumacher	Ferrari F 300
	Montreal	07/06/98	M. Schumacher	Ferrari F 300
	Magny Cours	28/06/98	M. Schumacher	Ferrari F 300
	Silverstone	12/06/98	M. Schumacher	Ferrari F 300
	Hungaroring	16/08/98	M. Schumacher	Ferrari F 300
	Monza	13/09/98	M. Schumacher	Ferrari F 300
1999	Melbourne	07/03/99	Eddie Irvine	Ferrari F 399
	Imola	02/05/99	M. Schumacher	Ferrari F 399
	Montecarlo	16/05/99	M. Schumacher	Ferrari F 399
	Zeltweg	25/07/99	Eddie Irvine	Ferrari F 399
	Hockenheim	25/07/99	Eddie Irvine	Ferrari F 399
	Sepang	17/10/99	Eddie Irvine	Ferrari F 399
2000	Melbourne	12/03/00	M. Schumacher	Ferrari F1 2000
	Interlagos	26/03/00	M. Schumacher	Ferrari F1 2000
	Imola	09/04/00	M. Schumacher	Ferrari F1 2000
	Nürburgring	21/05/00	M. Schumacher	Ferrari F1 2000
	Canada	18/06/00	M. Schumacher	Ferrari F1 2000
	Hockenheim	30/07/00	Rubens Barrichello	Ferrari F1 2000
	Monza	10/09/00	M . Schumacher	Ferrari F1 2000
	Indianapolis	24/09/00	M. Schumacher	Ferrari F1 2000
	Suzuka	08/10/00	M. Schumacher	Ferrari F1 2000
	Sepang	22/10/00	M. Schumacher	Ferrari F1 2000
2001	Melbourne	04/03/01	M. Schumacher	Ferrari F2001
	Sepang	18/03/01	M. Schumacher	Ferrari F2001
	Barcellona	29/04/01	M. Schumacher	Ferrari F2001
	Zeltweg	13/05/01	M. Schumacher	Ferrari F2001
	Monaco	27/05/01	M. Schumacher	Ferrari F2001
	Canada	10/06/01	M. Schumacher	Ferrari F2001
	Nürburgring	24/05/01	M. Schumacher	Ferrari F2001
	Magny Cours	01/06/01	M. Schumacher	Ferrari F2001

	Hungaroring	19/08/01	M. Schumacher	Ferrari F2001
	Spa Francorchamps	02/09/01	M . Schumacher	Ferrari F2001
	Suzuka	02/09/01	M . Schumacher	Ferrari F2001
2002	Melbourne	03/03/02	M. Schumacher	Ferrari F2001
	Interlagos	31/03/02	M. Schumacher	Ferrari F2002
	Imola	14/05/02	M. Schumacher	Ferrari F2002
	Barcellona	28/04/02	M. Schumacher	Ferrari F2002
	Zeltweg	12/05/02	M. Schumacher	Ferrari F2002
	Canada	09/06/02	M. Schumacher	Ferrari F2002
	Nürburgring	23/05/02	R.Barrichello	Ferrari F2002
	Silverstone	23/05/02	M. Schumacher	Ferrari F2002
	Magny Cours	21/07/02	M. Schumacher	Ferrari F2002
	Hockenheim	28/07/02	M. Schumacher	Ferrari F2002
	Hungaroring	18/08/02	R.Barrichello	Ferrari F2002
	Francorchamps	01/09/02	M . Schumacher	Ferrari F2002
2002	Monza	15/09/02	R.Barrichello	Ferrari F2002
	Indianapolis	29/09/02	R.Barrichello	Ferrari F2002
	Suzuka	13/10/02	M. Schumacher	Ferrari F2002
2003	Imola	20/04/03	M. Schumacher	Ferrari F2002
	Barcellona	28/04/02	M. Schumacher	Ferrari F2003 GA
	Zeltweg	18/05/03	M. Schumacher	Ferrari F2003 GA
	Montreal	09/06/02	M. Schumacher	Ferrari F2003 GA
	Silverstone	23/05/02	R. Barrichello	Ferrari F2003 GA
	Monza	15/09/02	M. Schumacher	Ferrari F2003 GA
	Indianapolis	29/09/02	M. Schumacher	Ferrari F2003 GA
	Suzuka	13/10/02	R. Barrichello	Ferrari F2003 GA
2004	Melbourne	07/03/04	M.Schumacher	Ferrari F2004
	Sepang	21/03/04	M.Schumacher	Ferrari F2004
	Bahrain	04/04/04	M.Schumacher	Ferrari F2004
	Imola	25/04/04	M.Schumacher	Ferrari F2004
	Catalunya	09/05/04	M.Schumacher	Ferrari F2004

	Nurburgring	30/05/04	M.Schumacher	Ferrari F2004
	Montreal	13/06/04	M.Schumacher	Ferrari F2004
	Indianapolis	20/06/04	M.Schumacher	Ferrari F2004
	Magny Cours	04/07/04	M.Schumacher	Ferrari F2004
	Silverstone	11/07/04	M.Schumacher	Ferrari F2004
	Hochenheim	25/07/04	M.Schumacher	Ferrari F2004
	Hungaroring	15/08/04	M.Schumacher	Ferrari F2004
	Monza	12/09/04	R.Barrichello	Ferrari F2004
	Shangai	26/09/04	R.Barrichello	Ferrari F2004
	Suzuka	10/10/04	M.Schumacher	Ferrari F2004
2005	Indianapolis	19/06/05	M.Schumacher	Ferrari F2005
2006	Imola	23/04/06	M.Schumacher	Ferrari 248 F1
	Nurburgring	07/05/06	M.Schumacher	Ferrari 248 F1
	Indianapolis	02/07/06	M.Schumacher	Ferrari 248 F1
	Magny Cours	16/07/06	M.Schumacher	Ferrari 248 F1
	Hochenheim	30/07/06	M.Schumacher	Ferrari 248 F1
	Istambul	27/08/06	F.Massa	Ferrari 248 F1
	Monza	10/09/06	M.Schumacher	Ferrari 248 F1
	Shangai	01/10/06	M.Schumacher	Ferrari 248 F1
	Interlagos	22/10/06	F.Massa	Ferrari 248 F1
2007	Melbourne	18/03/07	K.Räikkönen	Ferrari F2007
	Bahrain	15/04/07	F.Massa	Ferrari F2007
	Barcelona	13/05/07	F.Massa	Ferrari F2007
	Frankreich	01/07/07	K.Räikkönen	Ferrari F2007
	Großbritanien	08/07/07	K.Räikkönen	Ferrari F2007
	Europa	22/07/07	F.Massa	Ferrari F2007
	Italien	09/09/07	F.Massa	Ferrari F2007
	Belgien	16/09/07	K.Räikkönen	Ferrari F2007
	China	07/10/07	K.Räikkönen	Ferrari F2007
	Brasilien	21/10/07	K.Räikkönen	Ferrari F2007

Weltmeisterschaften

1952	Alberto ASCARI	FERRARI 500 F2
1953	Alberto ASCARI	FERRARI 500 F2
1956	Juan Manuel FANGIO	FERRARI D 50
1958	Mike HAWTHORN	FERRARI 246 F1
1961	Phil HILL	FERRARI 156 F1
1964	John SURTEES	FERRARI 158 F1
1975	Niki LAUDA	FERRARI 312 T
1977	Niki LAUDA	FERRARI 312 T2
1979	Jody SCHECKTER	FERRARI 312 T4
2000	Michael SCHUMACHER	FERRARI F1 2000
2001	Michael SCHUMACHER	FERRARI F2001
2002	Michael SCHUMACHER	FERRARI F2002
2003	Michael SCHUMACHER	FERRARI F2003 GA
2004	Michael SCHUMACHER	FERRARI F2004
2007	Kimi RÄIKKÖNEN	FERRARI F2007

Konstrukteurs-Weltmeisterschaften

1961	FERRARI 156 F1	4 Siege	50 Punkte
1964	FERRARI 158 F1	3 Siege	45 Punkte
1975	FERRARI 312 T	6 Siege	72,5 Punkte
1976	FERRARI 312 T2	6 Siege	83 Punkte
1977	FERRARI 312 T2	4 Siege	95 Punkte
1979	FERRARI 312 T4	6 Siege	113 Punkte
1982	FERRARI 126 C3	3 Siege	74 Punkte
1983	FERRARI 126 C3	4 Siege	89 Punkte
1999	FERRARI F399	6 Siege	128 Punkte
2000	FERRARI F1 2000	10 Siege	170 Punkte
2001	FERRARI F2001	11 Siege	179 Punkte
2002	FERRARI F2002	15 Siege	221 Punkte
2003	FERRARI F2003 GA	8 Siege	50 Punkte
2004	FERRARI F2004	15 Siege	50 Punkte
2007	FERRARI F2007	9 Siege	204 Punkte

CASTROL
GLAENZER SPIC
TRANSMISSIONS A CARDAN
Jesus Saun
GOODYEAR
Agip
WINNEBAGO
Marlboro
FedEx
Vodafone

Paolo D'Alessio, *1957 geboren in der Provinz Turin, kam 1978 zum ersten Mal mit dem Motorsport in Berührung. Er arbeitete mit verschiedenen Fachmagazinen zusammen und hatte so Gelegenheit sich in der großen Welt der Formel 1 zu bewegen. Er spezialisierte sich auf die Technik der Formel-1-Autos.*
Seine Beiträge wurden in allen führenden Fachzeitschriften und in den Sportteilen der Tageszeitungen weltweit veröffentlicht. Insgesamt bediente er etwa 20 Fachzeitschriften und Tageszeitungen. 1985 veröffentlichte er sein erstes Buch zum Thema Ferrari und deren aufgeladenen Fahrzeugen. Von 1986 bis 1994 zeichnete er für das internationale Jahrbuch »365 Renntage« verantwortlich zu dem 1995 das im S.E.P. Editrice-Verlag erschienene Jahrbuch »The special yearbook on Formula 1« hinzu kam. Dieses Werk ist das wohl bekannteste und meist verbreitete Formel-1-Jahrbuch der Welt. Weitere Bücher zum Thema, wie »Formula 1 turbo«, »Obrigado Ayrton« eine Biografie des legendären Ayrton Senna), »Kaiser Schumi«, »Martini Racing Story« und »Formula Ferrari«, das wohl kompletteste Werk über die roten Renner aus Maranello, sind erschienen. Mit Momo-Design veröffentlichte er 1987 eine Sammlung von Lithografien zum Thema 40 Jahre Ferrari-Rennwagen. Außerdem einen Briefmarkensammlerkatalog zum Thema Ferrari. 1997 wurde sein Name in die Honda-Trophy eingraviert, eine Auszeichnung der Vereinigung der japanischen Motorsportveranstalter.

V-Power
BRIDGESTONE
AMD
FIAT
vodafone
acer